AF266908

LES DROITS D'UN PEUPLE

LES DROITS

D'UN PEUPLE

PAR

Le Citoyen PIERRE TEMPLE

Malo periculosam libertatem quàm
quietum servitium.

Prix : 1 fr. 50 c.

PARIS

E. DENTU, LIBRAIRE-ÉDITEUR

Galerie d'Orléans, 17 et 19, Palais-Royal.

1868

I

LES ENSEIGNEMENTS DU PASSÉ

La France a chèrement acheté les leçons qu'elle a reçues ; son bonheur ne dépend point du trône ; il dépend de l'égalité des droits et de l'union de ses enfants dans la grande cause de la Liberté.

BYRON.

I. — Il est quelques vérités primordiales si profondément gravées dans toute conscience honnête, et tellement évidentes à ceux-mêmes qui n'en font pas la règle de leur conduite, qu'il suffit de les énoncer pour que toute démonstration soit jugée inutile.

De ce nombre sont les droits de l'humanité, dont la notion est aussi exacte dans l'esprit du tyran qui les viole ou de l'homme faible qui les abandonne, que dans le cœur du bon citoyen toujours prêt à les défendre.

L'histoire nous apprend cependant que ces principes
d'éternelle justice, n'ont pas toujours occupé, dans le
gouvernement des sociétés, la place qui leur est due.
Nous les voyons tantôt revendiqués avec enthousiasme,
tantôt comprimés avec violence, et, pour nous en tenir
à l'histoire de notre pays, ce n'est qu'après une série de
luttes incessantes et de profondes transformations sociales
que la souveraineté nationale a pu être enfin proclamée
comme l'expression la plus complète du droit de tous.

Mais, avant d'examiner ce que les conquêtes de 1789
sont momentanément devenues dans l'application, jetons
un coup d'œil en arrière, et, par un rapide aperçu, énu-
mérons ce qu'il a fallu d'efforts et de sacrifices à nos
pères pour nous léguer cet héritage de liberté dont la
jouissance, sous le régime actuel, nous est indéfiniment
réfusée comme à des mineurs incapables.

II. — Un peuple libre et heureux dans son indépendance habitait, il y a vingt siècles, le riche pays qui
s'étend du Rhin aux Pyrénées. Les nations heureuses
ont rarement besoin d'historiens. Aussi, la longue période
de prospérité qui précéda l'arrivée des légions romaines
dans les Gaules ne nous a-t-elle laissé aucun monument
historique qui lui soit propre.

Notre histoire commence avec nos malheurs; et ses
premières pages devaient être remplies par les mémoires
d'un soldat, par les bulletins d'une invasion qui vint
porter une mortelle atteinte aux libertés élémentaires de
notre pays.

A peine César a-t-il franchi les Alpes qu'il se trouve en présence d'une vaste Confédération. Les nombreuses tribus qui la composaient formaient autant de Républiques dont la parfaite organisation excita l'admiration de celui qui venait les détruire. Ces peuples se gouvernaient eux-mêmes et ne reconnaissaient comme loi suprême que la volonté nationale librement exprimée dans les assemblées.

C'est à tort que César cherche à établir l'existence d'une double aristocratie religieuse et militaire. Il résulte des récits même du général romain que le peuple ne reconnaît et n'a d'autre maître que le peuple. Les druides qui for-maient à peine une corporation regligieuse, recrutée parmi le peuple, et les chevaliers qui constituaient tout au plus un corps de cavalerie d'élite n'apportaient, dans la direction des affaires publiques, que la part d'influence dévolue à tous les citoyens.

Les affaires d'administration locale, particulières à chaque centre de population étaient confiées à un groupe d'hommes recommandables par leurs lumières et leurs vertus. Ce corps, que César désigne sous le nom de Sénat, était comme le conseil de la nation siégeant en perma-nance.

Les grandes questions intéressant la souveraineté nationale étaient traitées par le peuple lui-même qui, dans ses assemblées, veillait avec un soin jaloux aux intérêts de la République, prenait toutes les mesures nécessaires au maintien de ses libertés et, dans les circonstances solennelles, désignait les délégués qui devaient se réunir à ceux des autres tribus pour discuter les questions dont la solution intéressait tous les peuples de la Confédération gauloise.

En somme, l'âme de cette organisation, c'était la volonté du peuple se manifestant librement et agissant sans entraves.

Aussi, lorsque le Proconsul vint se heurter contre ce rempart de liberté, rencontra-t-il une résistance inattendue. Pendant le cours de dix campagnes, les légions romaines furent tenues en échec par un peuple défendant son indépendance. Luttant contre des troupes nombreuses, sans cesse renouvelées, douées d'une discipline parfaite et infiniment mieux armées qu'ils ne l'étaient eux-mêmes, les Gaulois, confiants dans la sainteté de leur cause, ne se laissèrent pas décourager par la grandeur du péril et montrèrent, dans neuf années de luttes héroïques, mêlées de succès et de revers, ce que peut une nation libre combattant pour sa liberté.

Mais, grâce à sa politique astucieuse, César parvint à diviser ceux que ses armes n'eussent probablement jamais domptés. Ce procédé, de tout temps infaillible, lui assura le succès; il pût faire de notre pays une province romaine. Notre indépendance nationale était enchaînée ; et, afin de couronner l'édifice de sa gloire, il ne restait plus au conquérant des Gaules qu'à franchir le Rubicon pour écraser sous sa dictature l'indépendance de l'Italie.

III. — En vain, Florus et Sacrovir, puis Civilis et Velleda, cette Jeanne-Darc du druidisme, tentent un dernier et sublime effort pour rendre la Gaule à elle-même. La domination romaine s'établit chaque jour plus solide.

Le but des vainqueurs est de détruire la nationalité gauloise et, avec elle, ce sentiment d'indépendance, cette haine de l'étranger qui tiennent les vaincus toujours prêts à se lever.

Rome inonde de sa civilisation la nouvelle colonie qu'elle veut s'assimiler. Elle la couvre de monuments et de cités opulentes ; elle ouvre des routes, creuse des canaux et cherche à établir parmi les populations la hiérarchie sociale de l'empire. Mais prévoyant que les avantages d'une civilisation qu'on leur impose ne feront pas oublier aux Gaulois leurs libertés perdues, Rome envoye dans les provinces des troupes nombreuses qu'elle distribue sons les ordres de quelques gouverneurs militaires relevant tous d'un chef central. Remarquons en passant que cette organisation, tout à fait indépendante de l'administration civile, n'est pas sans analogie avec la récente division de la France en cinq grands commandements militaires.

Cependant, la liberté comprimée se réfugie dans les cités et y dépose un levain d'indépendance qui produira, quelques siècles plus tard, la révolution communale. Dans les *Municipes*, l'élément local, souvent en opposition avec l'élément romain, parvient à sauver du naufrage une certaine somme de liberté civile et de liberté politique malheureusement fort restreinte et ne pouvant s'exercer que dans l'étroite limite des questions municipales.

C'est dans ces conditions que s'écoule la période gallo-romaine.

Vers la fin du iiie siécle la domination étrangère commence à porter ses fruits. Le pays est ruiné par les impôts, ravagé par les premières incursions des barbares. Dans le siècle suivant, la misère devient extrême et la dépopulation s'accroît chaque jour, à mesure que les impôts augmentent et que l'ordre et la liberté diminuent. Bientôt la Métropole, déjà atteinte de décomposition, est impuissante à défendre la Colonie qu'elle a épuisée. La place est ouverte aux barbares d'Outre-Rhin.

IV. — Chacun sait comment les Franks établirent leur domination sur le sol qu'ils venaient de conquérir sans trop de résistance. L'organisation qu'ils donnent au pays est conforme aux anciennes coutumes des Germains. La royauté Mérovingienne s'installe avec son entourage de guerriers devenus maîtres du sol par le partage qui leur en a été fait.

Deux principes opposés se trouvent alors en présence. D'un côté, le principe de l'aristocratie guerrière, représenté par l'élément germanique, et de l'autre, le principe municipal, représenté par l'élément gallo-romain. Entre les deux, le clergé, tenant au dernier par son origine et rattaché au premier par ses doctrines et ses vues ambitieuses, joue le rôle de médiateur intéressé. Dès le commencement, il a mis au service du pouvoir nouveau son influence et ses traditions autoritaires. Mais s'il gagne à cette politique trop conciliante une grande augmentation de puissance et des avantages matériels considérables, il ne réussit pas à faire embrasser aux vaincus la cause des vainqueurs. Aucune fusion ne s'opère entre les deux races.

Les populations durement comprimées, mal défendues par les évêques, leurs protecteurs naturels, exclues de toute vie politique en dehors de la cité, s'en tiennent au culte des libertés municipales que leurs nouveaux maîtres ne parviennent pas à entamer. Ce germe sacré des libertés de la France doit se transmettre intact de génération en génération, jusqu'à ce que le moment de le développer soit venu.

En même temps, l'aristocratie s'implante et, grâce aux domaines qu'elle a reçus du sort après la conquête ou que le roi lui a accordés en récompense de ses services, elle se transforme peu à peu en aristocratie territoriale. Une puissance nouvelle apparaît alors. Les possesseurs des terres partagées forment bientôt une hiérarchie fortement organisée. La dynastie mérovingienne va disparaître absorbée par la féodalité.

Dailleurs, le fait capital de cette période, fait trop long-temps méconnu et qui se rattache de la manière la plus intime à l'histoire de nos libertés publiques, c'est l'ancienne société civile traversant la domination des barbares sans rien perdre de sa vitalité, se perpétuant toujours la même en présence des Franks qui sont, il est vrai, maîtres du sol, mais qui restent étrangers au milieu de leur conquête.

V. — Il en sera de même sous la dynastie Carlovin-gienne, deuxième forme de la royauté Franke ; avec une différence, cependant.

Lorsque l'empire de Karle-le-Grand, gigantesque monument qui dure le temps de s'élever, est privé de l'appui de son créateur, ce grand corps formé de membres disparates s'affaisse sous son propre poids ; les éléments hétérogènes qui le composent se séparent violemment. Il en résulte une suite de rivalités, d'interminables luttes au milieu desquelles les Carlovingiens impuissants perdent tous leurs domaines et, avec eux, leur influence devenue entièrement nulle à la fin du ixᵉ siècle.

A une époque où la souveraineté réside essentiellement dans la possession du sol, le pouvoir qui échappe à une famille ruinée doit fatalement passer à une puissante famille territoriale. Les Capets recueillent la succession vacante.

Nous n'enregistrons pas cet avènement d'une nouvelle dynastie comme un fait historique ordinaire. Il emprunte aux circonstances dans lesquelles il se produit un intérêt puissant pour quiconque se préoccupe de nos origines nationales. Avec les derniers Carlovingiens disparaît la race des Franks, cette race qui, depuis la conquête, non-seulement n'a pu faire dominer son influence, mais encore a eté forcée de subir celle des vaincus au point de modifier sa langue, ses mœurs, sa religion. Le changement surtout est rapide et profond de Charlemagne à Louis V. La nation, il est vrai, est toujours profondément divisée, mais elle est une dans sa division. Deux antagonistes sont en présence, le peuple municipal et l'aristocratie féodale; mais ces deux adversaires ont plus d'un côté commun et la royauté nouvelle qui surgit est une royauté française.

Cette transformation offrira à la société municipale des circonstances qui lui permettront de passer de la résistance énergique, mais passive, à l'activité de la lutte. Le peuple va prendre l'initiative du développement de ses libertés.

VI. — Dans les dernières années du xie siècle, deux courants opposés traversent la France; un souffle d'émancipation arrive du Midi, où il a fondé les cités consulaires tandis que l'esprit d'association se propage par le Nord, où il a établi les communes jurées. Ce double symptôme de progrès est l'expression du même besoin. Il s'agit, pour les municipalités du Nord comme pour celles du Midi, de défendre leur indépendance menacée par les envahissements d'une féodalité chaque jour plus insolente. Pour rétablir leur sûreté compromise, elles doivent, les unes et les autres, augmenter les libertés que nous les avons vues conserver pendant des siècles; il leur faut conquérir une plus grande somme de garanties. Tel est en peu de mots le principe de notre première révolution, la révolution communale.

Pour tous les habitants d'une cité, l'Etat ne s'étend guère encore au-delà des remparts qui les protègent. Leur patrie, c'est leur ville. Ainsi enserrés dans un étroit espace, les intérêts du citoyen sont forcément liés à ceux de la communauté ; les agitations de la vie publiqne et les émotions de la vie privée se confondent à chaque instant. Chacun craint pour lui, pour ses proches, pour ses biens, tout danger qui vient menacer la chose publique. C'est pourquoi chaque municipalité trouve ses membres prêts à s'unir pour la lutte qui se prépare, et l'association, ce puissant levier qui doit ébranler le vieux monde, imprime une vive impulsion au mouvement révolutionnaire.

Alors il se fit, dans notre corps social, une de ces crises violentes dont l'issue décide des destinées d'une nation. Nos libertés, c'est-à-dire l'avenir de la France, étaient l'enjeu de la grande partie qui s'engageait, et cette fois, du moins, la victoire resta du côté de la justice.

L'espace nous manque pour retracer les péripéties de cette lutte entre les droits de tous et les priviléges de quelques-uns, pour raconter ces garanties conquises pas à pas, ces chartes enlevées par lambeaux. Mais le but poursuivi fut atteint.

Les communes jurées, comme les cités consulaires, virent leurs libertés de fait devenir des libertés de droit ; c'était déjà la consécration de leur vie indépendante. Elles purent nommer leurs magistrats, organiser des milices communales, discuter leurs intérêts dans les assemblées ; elles ne payaient d'autres impôts que les subsides votés par elles ou les redevances dont elles avaient accepté la charge. La plupart d'entre elles avaient leur juridiction et toutes jouissaient des libertés commerciales qu'elles n'omettaient jamais de faire inscrire dans leurs chartes.

En un mot, les libertés qu'elles avaient déjà, augmentées de celles qu'elles conquirent, leur formèrent une organisation assez complète pour qu'on puisse dire que les communes se gouvernaient elles-mêmes.

VII. — Les bienfaits de l'émancipation communale ne s'arrêtèrent pas aux étroites limites des cités. Le mal de liberté est essentiellement contagieux et, de tout temps, sa force d'expansion a été telle qu'il ne s'est jamais trouvé un cordon sanitaire capable d'en empêcher les progrès, même lorsque ce cordon s'est appelé, suivant les temps, lettres de cachet, censure, déportation ou candidatures officielles. Comme au xiie siècle ces procédés élémentaires de gouvernement étaient encore peu connus, la liberté n'eut pas la peine de les dédaigner pour continuer son œuvre. Elle avait affranchi les communes ; en leur donnant l'indépendance et la sécurité, elle facilita les rapports de cité à cité et, l'influence commerciale aidant, des rapprochements s'établirent entre les citoyens de villes restées jusqu'alors étrangères les unes aux autres. Cette fusion élargit l'horizon politique des populations en reculant les limites de leurs relations et de leurs intérêts. Mais ces intérêts qui avaient tous la même origine et tendaient tous au même but ne pouvaient se rencontrer sans se fondre dans une vaste association. De leur union naquit le Tiers-État qui fut l'expression complète de la nouvelle phase sociale et qui eut bientôt conquis sa place dans la représentation du pays.

VIII. —Quel fût le rôle de la royauté en présence de ce mouvement qu'elle n'avait pas suscité ? Incapable de prévoir que ce même courant d'indépendance devait se tourner contre elle quelques siècles plus tard et l'emporter, elle ne vit dans les libertés octroyées aux communes qu'une arme nouvelle contre la féodalité qui l'inquiétait. Si elle favorisa l'émancipation populaire, ce n'est pas qu'elle voulût le peuple plus libre qu'auparavant, mais elle avait besoin d'un allié. Aussi dans sa lutte contre les grands ou contre l'étranger, contre ses ennemis du dedans ou contre ses ennemis du dehors, demanda-t-elle plus d'une fois aux communes un concours qui lui fut toujours utile.

Pendant ce temps, le Tiers-État se développait et son influence grandissait chaque jour dans les assemblées.

Le xive siècle et la première moitié du xve furent la période brillante des États Généraux. La royauté faible encore, inquiétée au dehors et chez elle, a besoin, pour résister aux nombreux revers qu'elle éprouve, de s'appuyer sur la représentation nationale. Sous le règne malheureux de Jean-le-Bon, les États Généraux furent plusieurs fois convoqués et le Tiers acquit une influence assurée par la faiblesse de la royauté et les fautes de la féodalité. Il en profita pour articuler hautement quelques réclamations qui amenèrent d'importantes réformes dans la gestion des deniers publics et dans l'organisation judiciaire. Quelques chefs ardents du parti tentèrent même un changement radical dans la constitution du royaume. Etienne Marcel paya de sa tête cette tentative prématurée.

En 1356, les Etats Généraux qui, sur 800 députés comptaient déjà plus de 400 délégués du Tiers, avaient proclamé leur droit de se réunir tous les ans. Il est vrai que ce droit qui leur fût reconnu, ne fût jamais appliqué.

Lorsque la royauté, délivrée des Anglais par Charles VII et de la haute noblesse par Louis XI, fût parvenue à asseoir son autorité et ne fût plus préoccupée que des moyens de l'agrandir, les États furent oubliés, et, comme on était assez fort pour se passer d'eux, on ne les convoqua plus que rarement. Le gouvernement personnel reprenant son cours avec toutes ses fautes et ses turpitudes, vint aboutir à Richelieu, l'habile ministre du succès *per fas et nefas*, et opéra enfin sa radieuse incarnation dans Louis XIV, cet auguste despote qui passa sa vie à se gorger de gloire et à procréer des bâtards, sans se douter qu'il avait un peuple à rendre heureux et qui, finalement, se fit appeler *Grand*, de peur qu'on l'oubliât.

La régence et le règne de Louis XV, avec leurs folles prodigalités, leurs désastres financiers, leurs guerres insensées vinrent couronner l'édifice de l'absolutisme.

IX. — Pendant plus de trois siècles, la nation avait été tenue à l'écart des affaires. Mais, pendant que ses maîtres de par Dieu gaspillaient sa fortune, ruinaient ses intérêts et compromettaient l'honneur du pays, le peuple n'était pas resté oisif. Il avait appris à penser avec Voltaire, et avec Adam Smith à compter.

Aussi, lorsqu'il vit la France au bord de l'abîme, il comprit que l'heure était venue où il devait prendre en mains la direction de ses destinées.

Le colosse de la souveraineté nationale sortit alors de son recueillement, et, comme le Jéovah de la Bible, créa dans quelques jours un monde de liberté. De son souffle puissant il renversa tous ces monuments d'iniquité et d'oppression élevés par des siècles de despotisme et en dispersa les débris; puis, de son pied heurtant le sol de la patrie, il en fit sortir une France nouvelle, la France rendue à elle-même.

S'il est un beau jour dans notre histoire, c'est bien certes celui où le peuple brisant les chaînes du passé, donna un libre essor à cette indépendance dont nous l'avons vu jusqu'alors défendre le germe et hâter le développement.

Et s'il est un jour grand à jamais dans la série des siècles, n'est-ce pas celui où la France se leva et proclama avec les droits de chacun, la souveraineté de tous? Sa voix retentit au loin; les peuples reçurent avec respect l'évangile de la religion nouvelle, et les trônes des rois furent ébranlés.

La journée du 20 juin 1789 avait fondé la liberté de la France; celle du 3 septembre 1791 fût le signal de la régénération des peuples.

Une société nouvelle s'établit sur cette base d'airain qu'on appelle la *proclamation des droits de l'homme.*

Désormais, un homme ne sera plus un être inférieur ou supérieur suivant les hasards de la naissance; un peuple ne sera plus un troupeau de sujets, une chose dont on hérite de droit divin et dont on dispose comme on l'entend, sans autres règles que celles du bon plaisir.

L'homme sera désormais une créature éclairée par son intelligence, guidée par sa conscience dans la vie privée, et dans la vie publique par la loi. Désormais, un peuple sera une association de citoyens ayant tous les mêmes droits et tous soumis aux mêmes devoirs, libres dans l'exercice des uns et dans l'accomplissement des autres, ne reconnaissant d'autre loi que la volonté générale librement exprimée.

Désormais, en un mot, le peuple se gouvernera lui-même.

Tel fut le programme de l'avenir. Pour en préparer la réalisation, il fallait briser tout ce que l'ancienne société renfermait de contraire aux principes éternellement vrais, mais si longtemps méconnus, de la souveraineté du peuple ; il fallait renverser tous les obstacles qui s'opposaient à leur développement, rouvrir le chemin du progrès et donner aux peuples une première impulsion dans cette voie.

Ce fut la tâche qui incomba à la génération de 1789.

X. — Mais une fois cette mission remplie, la France, semblable à ces travailleurs généreux qui ne ressentent la fatigue qu'après le labeur terminé, s'aperçut qu'elle avait besoin de repos. La crise violente qu'elle venait de traverser avait momentanément épuisé ses forces.

Un homme se présenta alors, qui, promettant à la nation de lui assurer, dans la liberté qu'elle avait conquise, le calme qu'elle réclamait, devait faire tourner ces circonstances au profit de son immense ambition. Cet homme, jeune encore, était entouré du prestige de la gloire militaire. Il rentrait en France après de brillantes campagnes qui lui avaient acquis l'admiration et l'attachement de l'armée. Fort de cet appui, il entreprit la réalisation de ses projets. Le moment était propice. La nation, fatiguée et sans méfiance, crut en lui, et le coup d'Etat du 18 brumaire fonda le Consulat. De là au Consulat à vie, il n'y avait qu'un pas à faire ; il fut fait.

Le nouvel état de chose donna à la France, en échange de ses libertés, l'Empire au dedans et, au dehors, la guerre en permanence.

La victoire accompagna quelque temps nos armées, et un instant la gloire des batailles aida à faire oublier la justice et les libertés publiques.

Un jour vint, cependant, où l'étoile de César pâlit, et chacun sait quel fut le dénouement de la longue tragédie impériale pendant laquelle les forces vives de la nation avaient été prodiguées d'une manière si coupable. Après avoir inutilement bouleversé l'Europe, après avoir épuisé le pays à la poursuite de ses chimères de conquérant, l'Empereur comprit enfin qu'en dehors de la coopération nationale, il n'est rien de grand, rien de stable ; mais il le comprit trop tard. Il avait fait tout le mal qu'il lui était donné de faire. Le reste de sa vie ne fut plus qu'une douloureuse expiation de son mépris pour le droit des peuples.

De même qu'aux jours du malheur Napoléon vaincu s'était souvenu de ce peuple qu'il avait si longtemps dédaigné, et, implorant son aide comme une dernière chance de salut, lui avait promis le retour de ses libertés, de même la Restauration qui lui succéda ne crût pas prudent de se présenter à l'ombre des baïonnettes étrangères, sans se faire précéder d'une Charte constitutionnelle.

Ce monument bâtard, composé de matériaux sans cohésion, bâti de droit divin et replâtré de quelques semblants de liberté, se maintint tant bien que mal sur sa base fragile jusqu'en juillet 1830, puis s'écroula sans résistance au premier souffle de liberté.

La Charte de 1830 fut donnée et acceptée comme un progrès sur celle de 1814. Mais on reconnut bientôt que le progrès était incomplet.

D'ailleurs, depuis ce moment de lassitude qui, suivant le premier travail de la Révolution, avait permis le rétablissement du pouvoir personnel; pendant ce temps d'arrêt de l'Empire, de la Restauration et du Gouvernement de Juillet, le peuple avait recouvré ses forces et se sentait capable de continuer le grand œuvre de la rénovation un instant interrompu. Déjà la Révolution de Février, plus heureuse que sa sœur aînée, protégeait au sein de la paix et de la sécurité générale la pratique des libertés publiques ; déjà le programme de 1789 commençait à devenir une réalité, lorsque des circonstances habilement ménagées changèrent la face des choses ; et, une série d'événements dont nous n'avons pas à faire le récit, vint rendre possible la Restauration impériale et nous donner les institutions actuelles.

XI. — De ce tableau rapidement esquissé et forcément incomplet des luttes de nos pères pour l'indépendance du pays résulte un grand enseignement qui domine toute notre histoire, je veux dire l'unité de but dans toutes ces tendances nationales qui se manifestent pourtant sous des formes si variées suivant les âges où elles se produisent.

Depuis l'origine de nos traditions les plus reculées, toutes les générations ont vu se lever à leur horizon le même astre brillant dont la lumière dirigeait leurs pas à travers les siècles ; et toutes, comme les pasteurs de la légende évangélique, guidées par la même clarté, se sont mises en marche pour aller saluer le Messie attendu.

Le Messie de la France, c'est la liberté ; et l'étoile de salut qui doit guider notre marche s'appelle la souveraineté nationale, le gouvernement du peuple par le peuple.

II

NOS DROITS.

Quand on vous dira de ceux qui possèdent
une grande puissance sur la terre : voilà vos
maîtres, ne le croyez point. S'ils sont justes,
ce sont vos serviteurs ; s'ils ne le sont pas,
ce sont vos tyrans.

LAMENNAIS.

I. — L'histoire de notre pays n'est qu'une grande démonstration du droit du peuple à se gouverner lui-même, si toutefois pareil principe a besoin d'être démontré.

Mais un peuple ne peut exercer ce droit que par le libre jeu de sa volonté. Tout gouvernement, quelle qu'en soit la forme, qui apporte à ce libre exercice des entraves, même légères, se substitue à la nation ; il s'impose, c'est le despotisme.

Trouvons-nous dans les institutions qui nous régissent actuellement des garanties suffisantes pour que cette volonté nationale, seul moteur de tout régime vraiment libéral, puisse régulièrement fonctionner ?

Hélas ! la simple comparaison des libertés auxquelles nous avons droit et des libertés qu'on nous a rendues si incomplètes, ou qu'on nous refuse entièrement, nous montrera que sous ce rapport, comme sous tant d'autres, il nous reste encore beaucoup à conquérir.

II. — Un peuple, avons-nous dit, ne s'appartient plus dès qu'intervient dans la direction de ses affaires une autre volonté que la sienne ; mais comme la volonté générale n'est que la résultante des volontés de chaque citoyen, il est nécessaire, pour que la souveraineté du peuple puisse s'exercer, que chacun ait le droit d'y coopérer.

Il importe donc que tout citoyen puisse apprécier en lui-même les affaires dans laquelles il doit apporter sa part d'influence ; il faut qu'il puisse se former une opinion. C'est d'ailleurs le droit qui nous est garanti par la liberté de conscience.

Cette opinion formée, il faut, si on en croit la propagation utile au pays, pouvoir la soumettre au jugement de tous, l'écrire, la publier. — Ce droit nous serait garanti par la liberté de la presse.

Une fois cette opinion connue, on doit la discuter, l'éclairer, la compléter par la lutte des intérêts opposés qui sont en jeu, par la production d'opinions contraires. Pour cela il faut s'assembler. — La liberté de réunion nous garantirait l'exercice de ce droit.

Dès qu'une des opinions exposées par la presse, ou discutées à la tribune, aurait été adoptée, ne faudrait-il pas que ses partisans pussent unir leurs forces pour poursuivre sa réalisation ? — La liberté d'association peut seule nous donner cette garantie.

Enfin, une fois la volonté nationale formée de ces opinions particulières, librement pensées, librement exprimées, librement discutées, librement acceptées, il faut que cette volonté nationale puisse se transformer en loi et devenir gouvernement du pays. — Est-ce possible autrement que par la liberté d'élection ?

Voilà comment, dans le monde de liberté, tout se suit, tout est logique, et, du détail à l'ensemble, tout se tient.

III. — Tels sont nos droits. Dans quelles limites l'exercice nous en est-il aujourd'hui assuré ? C'est ce que nous allons examiner.

Et d'abord, jouissons-nous de la liberté de conscience ?

Certainement, pour celui qui limite les fonctions de la conscience au for intérieur, la liberté est complète, elle l'a toujours été et le sera toujours, nul ne pouvant atteindre la pensée dans son asile inviolable. Mais qu'est-ce alors que la conscience enchaînée à ce rôle d'abstraction ? Quelles seront ses œuvres si elle est ainsi réduite à vivre et à s'éteindre en dehors de toute communication ? La conscience est semblable à la femme dont l'organisation est bien libre et complète par elle-même, mais que l'isolement condamne à la stérilité.

Pour que cette liberté, clef de voûte de tout édifice social, ne soit pas frappée d'impuissance, pour qu'elle reste une liberté, il est d'une nécessité absolue qu'il soit permis à chaque conscience de se manifester au dehors, de se rapprocher d'autres consciences et d'entrer en communion de rapports avec elles.

IV. — La liberté de penser nous conduit forcément à la liberté de produire, de publier sa pensée : l'une est la conséquence de l'autre, comme l'effet est lié à la cause, comme la flamme est liée au flambeau.

L'expansion de la conscience, la manifestation de l'idée ne peuvent avoir lieu que par la parole ou l'écriture, la tribune ou la presse.

Ces deux organes de la pensée humaine ne sont-il pas les traits d'union entre l'homme, être isolé et pensant et la société, être collectif et agissant ? Entraver le jeu de ces organes, n'est-ce pas porter atteinte à un droit fondamental et incontestable ? Bâillonner la bouche qui parle, enchaîner la main qui écrit, n'est-ce pas violer à la fois la liberté de l'homme et les droits de la Société ?

Et qu'on ne vienne pas, usant d'arguments rebattus et vides de sens, nous alléguer que l'ordre et l'intérêt général exigent quelquefois qu'il soit défendu à l'homme de dire ce qu'il pense ; qu'il est bon, toujours dans ce même intérêt, que la pensée humaine ne puisse se produire que dans certaines limites, sous telle et telle forme !

Que ces précautions soient nécessaires au maintien des gouvernements qui ne sont pas, ou ne sont plus l'expression de la Société, c'est possible ; mais qu'elles soient nécessaires à la société elle-même, jamais !

La société n'a qu'un intérêt, c'est celui de tous ; elle a donc le devoir d'écouter la voix de chacun, comme chacun a le droit de se faire entendre.

D'ailleurs, voyez dans l'histoire si jamais les sociétés maîtresses d'elles-mêmes ont mis des entraves à la pensée. Quels ont été de tout temps les ennemis acharnés de la pensée librement parlée, librement écrite ? N'est-ce pas ceux dont le pouvoir s'appuie sur l'ignorance d'autrui, ou ceux dont l'autorité ne saurait supporter la libre discussion ? Une religion qui dit à ses initiés : « *Croyez-moi sans me comprendre* ; » un gouvernement qui dit à ses sujets : « *Obéissez-moi sans me discuter* , » seront toujours fatalement renversés par ceux qui les subissent, lorsque ceux-ci pourront s'instruire et parler. On comprend donc que la plupart des religions et tous les gouvernements despotiques redoutent la pensée et en compriment l'essor. Mais comprend-on cela chez un gouvernement qui ne laisse échapper aucune occasion de répéter qu'il est issu du suffrage universel et qui, à ce titre, doit se considérer comme le représentant de l'opinion publique. Ce même gouvernement peut-il, sans être taxé d'inconséquence et d'ingratitude, méconnaître cette même opinion publique qui, dit-on, lui donna le jour, et, à grands renforts de lois, en rendre l'expression impossible ?

C'est pourtant à ce point que nous en sommes arrivés, et dix-huit mois après les fameuses promesses du 19 janvier, nous attendons encore..... ou plutôt nos attendrions encore leur réalisation si les faits nous avaient laissé quelque espoir de ce côté.

Résultat bien triste à constater, la France est, à cette heure, l'un des pays où tout ce qui tient aux choses de la pensée est le plus violemment contenu. A part Rome, la Russie et la Turquie, il n'est pas, en Europe, un peuple qui jouisse moins que nous du droit de parler.

Et pour user d'un droit qu'on n'ose pas nous dénier franchement, mais dont on nous refuse l'exercice, il nous faudrait ce que les peuples nos voisins nous ont jadis envié et ce qu'à notre tour nous leur envions aujourd'hui : une presse libre, un enseignement libre, une tribune libre, un théâtre libre. Au lieu de ces libertés qui nous sont dues, qu'avons-nous ?

Nous avons un théâtre d'où les œuvres viriles de notre grand écrivain national sont osbtinément exilées par l'arbitraire administratif, tandis que les applaudissements dont les couvre l'étranger arrivent jusqu'à nos oreilles. Et la même volonté qui proscrit *Ruy-Blas* tolère, avec une complaisance marquée, ces pièces stupides dans lesquelles des femmes aux formes appétissantes viennent faire étalage de leurs chairs, dans des toilettes de lupanar.

Comme tribune, nous avons celle du Corps législatif, où quelques courageux amis de la liberté viennent, sans se lasser, lutter contre une majorité hostile et souvent intolérante, prendre la défense de nos droits méconnus, et rappeler au peuple attentif la confiance en l'avenir. En dehors de l'enceinte législative, la parole est interdite à quiconque voudrait entretenir ses auditeurs des choses publiques.

Victor Hugo a dit quelque part : « Vous avez une belle « tribune en marbre, avec des bas-reliefs de M. Lemot, et « vous n'en voulez que pour vous ; c'est fort bien. Un « beau matin, la génération nouvelle renversera un « tonneau sur le cul, et cette tribune là sera en contact « immédiat avec le pavé qui a écrasé une monarchie de « huit siècles. Songez-y. »

Quant à l'enseignement, de peur que quelques esprits mal pensants ne vinssent à transformer leur chaire en tribune ou à professer des doctrines capables de froisser les susceptibilités de l'orthodoxie, on l'a règlementé et on le surveille en conséquence.

Tout professeur peut s'occuper, jusqu'à un certain point, de faire des bacheliers, des médecins, des avocats ; pour ce qui est de former des hommes, on paraît penser, en haut lieu, qu'ils se forment bien assez tout seuls.

— Au lieu d'une presse libre, nous avons : d'un côté, une littérature de trottoir étrangement favorisée ; de l'autre, une presse périodique écrasée par les lois de précaution. Tout ce qui pourrait nous distraire de la vie politique, nous en éloigner, paraît avoir droit aux encouragements officiels ; tout ce qui s'est donné pour mission d'entretenir chez nous le goût des affaires publiques, semble désigné d'avance aux rigueurs administratives. Depuis 1852, le journalisme français se mouvait à grand peine dans la cage étroite où l'avait enserré la nouvelle législation. On a trouvé ces conditions trop favorables encore à son développement et, par une loi récente que l'histoire enregistrera sous le nom de *loi du 11 mai,* on a su rendre son existence plus difficile, sinon impossible. On a voulu substituer, dit-on, la loi à l'arbitraire. Oui, mais cette loi ne servira-t-elle pas seulement à cacher la main qui frappe, quand cette main frappera plus fort qu'auparavant? Il est permis de le supposer, d'après l'esprit qui a inspiré le projet d'une loi que, par un euphémisme goguenard, on n'a pas craint de nous présenter comme une loi libérale.

Quelles sont, en effet, ses principales dispositions?

Les entraves déjà existantes maintenues (l'autorisation préalable exceptée);

Le journalisme interdit à tout exilé et à tout Français privé de ses droits civils;

La juridiction du jury écartée, et les procès de presse déférés aux tribunaux ordinaires;

Les amendes élevées à un taux pouvant entraîner de fait la suppression du journal;

La faculté laissée aux tribunaux de suspendre un journal pour un délai de 15 jours à 6 mois, en cas de récidive ou de troisième condamnation;

Toute condamnation pour fait qualifié crime, impliquant la suppression du journal condamné;

Enfin, l'exécution immédiate du jugement, nonobstant appel.

Telles sont les armes perfectionnées que la nouvelle loi vient de confier à la discrétion des tribunaux.

Nous commençons à nous apercevoir que ces lois Chassepot peuvent aussi faire merveille.

Il est bien évident qu'une fois soumise à un pareil régime, la presse va jouir de toute la somme de liberté à laquelle elle peut prétendre ; du moins, c'est ce que nos ministres ont affirmé et affirment encore tous les jours ; et, comme disait l'autre, les ministres ne mentent jamais, surtout à la tribune.

V. — Voilà la position qui est faite en France, et dans la seconde moitié du XIX° siècle, à tout homme qui veut rendre publique une idée qu'il croit bonne. Dès-lors, il est naturel que, pour ne pas déranger l'harmonie du système, on ait suspendu la liberté de réunion. A quoi bon se réunir dans un pays où la discussion est impossible ? L'arbitraire est logique parfois.

Il est vrai que dans l'organisation actuelle du pays, tout est censé reposer sur le suffrage universel, c'est-à-dire sur l'expression libre de la volonté des citoyens. Il est encore vrai que pour savoir ce qu'ils ont à demander, ceux-ci doivent pouvoir se réunir, se concerter dans des assemblées publiques. Mais alors, où courons-nous, grands dieux ! Voilà les clubs, l'anarchie, la démagogie, l'hydre révolutionnaire, le spectre rouge, etc., etc., etc., et la France est perdue ! ! ! ! ! — Mais ceux qui se chargent de la sauver ont trouvé à la chose un remède infaillible.

La liberté de réunion, se sont-ils dit, pourrait bien permettre au pays de faire ses affaires lui-même ; mais le gouvernement y gagnerait-il, et nos candidats officiels y trouveraient-ils leur compte ? C'est peu probable. Confectionnons donc une loi qui, tout en paraissant concéder la liberté réclamée et malheureusement promise, en rende l'exercice impossible ou dangereux pour nos adversaires ; et réservons-nous toujours le droit de suspendre, suivant notre bon plaisir, ce semblant de liberté. En d'autres termes, empêchons ce qui est mauvais...... pous nous, pas de réunion libre ; et maintenons ce qui est bon........ pour nous, le vote morcelé, isolé, divisé, sans impulsion commune ; et surtout, en dehors de notre influence, pas d'ensemble, l'ensemble c'est la Révolution.

— Et c'est sous l'influence de ces sentiments qu'a été présentée, défendue et votée la loi sur les réunions publiques, que l'on peut appeler une loi contre le droit de Réunion.

Vous voyez que c'est simple comme une candidature patronnée ; ça réussit de même, et tout le monde, sauf le pays, est satisfait.

VI.—Résumons. Nous n'avons ni la liberté de la parole, ni la liberté de la presse, ni la liberté d'association, ni la liberté de réunion. Il est certain que, dans des conditions pareilles, un peuple qui a le droit de vote n'a pas pour cela la liberté des élections.

Privé des lumières qui doivent l'éclairer, dépouillé de tout moyen d'action, protégé contre toute impulsion progressiste, le vote n'est plus qu'une ingénieuse fiction ou un instrument dangereux, à un moment donné, entre des mains habiles à s'en servir. Tel est le système électoral que nous possédons.

Par une contradiction bizarre, le vote, cette arme de la liberté contre l'autorité, est devenu une arme inoffensive entre les mains des citoyens et toute puissante entre les mains du pouvoir.

Voyez plutôt le scrutin fonctionner.

Un siége de député devient vacant. Deux candidats se présentent aussitôt : l'un libre, ne dépendant que de ses convictions et du pays ; l'autre agréable au pouvoir et agréé par l'administration qui en fait son homme.

La lutte s'engage alors. Mais entre qui ? Entre un citoyen qui n'a d'autre influence que celle de son talent reconnu, de ses convictions éprouvées, de sa valeur personnelle, en un mot, et un homme quelquefois sans personnalité marquée, poussé par l'administration qui intervient directement, le couvre de son inviolabilité et combat pour lui.

Tout le monde connaît les moyens sans nombre dont dispose le patronage officiel pour entraver la marche de ses adversaires et favoriser le succès de celui qu'il protège. Ces moyens, lesquels manquent généralement leur effet dans les grands centres où le vote plus éclairé est toujours plus libre, sont d'un emploi plus facile dans les petites villes et parmi les populations rurales. C'est là le vrai champ de bataille du candidat officiel ; c'est là que l'administration, s'appuyant sur la hiérarchie si bien organisée de ses fonctionnaires, enveloppe le collége électoral du réseau de ses influences. Les électeurs une fois pris dans ce nouveau filet de Vulcain, on fait jouer tous les ressorts de la machine administrative. Du plus petit au plus élevé, tout y concourt ; et du préfet au garde-champêtre, chacun dans les limites de ses fonctions, s'empresse de démontrer aux administrés que voter pour le candidat libre, ce serait mettre la patrie en grand danger; tandis qu'on a tout à espérer du candidat agréable, lequel, de son côté, se laisse facilement transformer en providence de la contrée. Telle commune y gagnera une route ; telle autre un canal ; une troisième a besoin d'une église ; un bout de chemin de fer ferait le bonheur de la quatrième, etc. Bref, après les éloquentes proclamations de M. le Préfet et grâce à la bienveillante recommandation de MM. les gardes-champêtres, le candidat bien pensant est nommé et on voit arriver à la chambre un député qui représente non pas le pays, mais le gouvernement qu'il doit contrôler.

Ces luttes étranges qui ne sont en définitive que le gouvernement imposant au scrutin les hommes de son choix, ne datent pas seulement d'hier, comme on le croit généralement. Jules César, à qui, du reste, nous avons emprunté tant de choses, devait aussi nous fournir l'exemple des candidatures agréables.

L'histoire officielle nous apprend que César sauva la République; ce qui est fort possible. — Je crois même qu'il la sauva comme plus tard l'escamoteur Bosco *sauvait* ses muscades. Quand le tour fut joué, le dictateur jaloux,

comme de juste, du maintien d'une autorité si bien acquise, comprit qu'il lui fallait, pour régner, s'emparer des élections en désignant au peuple les candidats qu'il avait à nommer. Suétonne raconte qu'à cet effet le sauveur de la République faisait distribuer dans les diverses tribus des tablettes portant cette phrase laconique : « Le dictateur César à telle tribu. Je vous désigne un tel et un tel pour qu'ils tiennent leur dignité de vos suffrages [1]. »

On n'a encore rien trouvé de mieux.

Mais pour être plus ancienne, la chose est-elle plus morale, et parce que les annales du Césarisme nous en fournissent de nombreux exemples, est-il plus honnête d'empêcher le peuple de travailler seul au choix de ses représentants ?

Le 6 septembre 1790, un homme compétent en liberté, Mirabeau, s'écriait devant l'Assemblée constituante :

« ..... Lorsqu'une influence quelconque s'exerce sur
« des suffrages, les choix populaires paraissent être libres,
« et ils ne sont ni purs ni libres ; ils ne sont plus le fruit
« de ce premier mouvement de l'âme qui ne porte que
« sur le mérite et la vertu.

« Partout où ce germe destructeur infecte et vicie les
« élections publiques, le peuple, dégoûté de ses propres
« choix, parce qu'ils ne sont plus son ouvrage, ou se
« décourage ou méprise les lois ;...... alors les officiers
« publics ne sont plus que les homme d'un parti ;....

---

[1] Suétonne. *Vita Cæs.* XLI.

« alors le droit d'être flatté, de se laisser acheter et cor-
« rompre est le seul fruit, le fruit perfide qu'il retire de sa
« liberté [1]. »

D'ailleurs, les candidatures officielles et la pression
administrative ne représentent qu'une partie des obstacles que la liberté des élections rencontre actuellement en
France. Pour que tous ces obstacles disparaissent, il faut
qu'on nous rende les autres libertés que nous réclamons.
Tant que nous ne les aurons pas toutes recouvrées, nous
n'en aurons aucune. Et le jour où nous rentrerons en possession complète de nos droits. ce jour là, seulement,
disparaîtra cette contradiction criante qui fait qu'en
France, le pays du suffrage universel, et sous un régime
qui se considère comme établi par le suffrage universel,
le suffrage universel est impossible, parce qu'il n'est ni
libre ni sincère.

VII. — Il y a quelques mois à peine, un éminent orateur
de la gauche demandait au gouvernement si, comme sa
politique pouvait le faire supposer, il avait peur de la
liberté et s'il en redoutait les conséquences. M. le ministre d'Etat repliqua alors par une de ses phrases passe-
partout qui lui sont si familières et qui ne répondent à
rien, mais dont le chauvinisme enlève toujours les bravos
du centre dévoué. De fait, la question resta sans réponse.

Pour nous, il nous est impossible d'expliquer, autrement que par l'appréhension du résultat, une politique

[1] OEuvres de Mirabeau, T. IV., p. 161.

qui consiste à refuser aujourd'hui ce qu'on a promis hier ou à retirer d'une main ce qu'on fait semblant de donner de l'autre.

Est-ce sérieusement que les partisans de cette même politique voudraient nous persuader que nous sommes libres, lorsqu'il ne nous reste de la liberté que le souvenir et l'espérance ?

III

NOS DEVOIRS

Il est temps de marquer nettement le but
de la Révolution et le terme où nous voulons
arriver ; il est temps de nous rendre compte
à nous-même et des obstacles qui nous en
éloignent, et des moyens que nous devons
adopter pour l'atteindre.

ROBESPIERRE.

Les circonstances que nous traversons ont un caractère de gravité qui impose à tout citoyen digne de ce nom, l'obligation d'y concourir dans la mesure de ses forces. Au milieu d'une lutte où les intérêts de tous sont engagés, nul n'a le droit de rester neutre. Les idées du passé et les principes de la Révolution sont en présence ; la réaction entrave le progès, l'autorité retient la liberté.

Pouvons-nous assister en spectateurs indifférents à un conflit où doit se décider notre avenir ? — Non. — Pour ou contre, la lutte est une nécessité pour tous ; c'est un devoir pour chacun de revendiquer sa part d'action dans les affaires du pays, devoir d'autant plus impérieux que parmi les débris de libertés qui jonchent notre sol politique, nous trouverons tous quelques tronçons d'armes légales pour défendre notre cause.

Malgré tout ce qui s'est fait et se fait chaque jour pour étouffer en nous le sentiment de la vie politique, montrons que nous le possédons encore et que nous en comprenons toutes les obligations. Laissons les pusillanimes s'en remettre à la fortune du soin de leur procurer des jours plus heureux, et ayons constamment présente à la pensée cette parole de J.-J. Rousseau : « *Renoncer à sa liberté, c'est renoncer à sa qualité d'homme.* »

II. — Le citoyen honnête qui ne veut pas demeurer étranger aux vrais intérêts de son pays, comprend qu'il a, en ce moment, deux devoirs principaux à remplir : user d'abord rigoureusement et sans réserve du peu de liberté que la loi ne nous a pas enlevé ; poursuivre ensuite avec ces armes légales la réalisation du programme de la souveraineté nationale.

Faire servir ce que nous avons à la conquête de ce qui nous manque, c'est d'ailleurs la lutte permise, la lutte pacifique, constitutionnelle, la seule qui puisse aujourd'hui nous donner les progrès que nous réclamons.

Dans les quelques pages que nous avons consacrées à l'exposé de nos droits, nous avons essayé de montrer combien ces droits sont entravés, mutilés même quelquefois par la législation du moment ; mais ils ne sont pas pour celà anéantis. Ce qui nous reste de liberté dans l'exercice de ces droits est malheureusement bien peu de chose, mais nous ne devons voir là qu'une raison de plus pour ne pas en faire l'abandon. Nous découvrons sous les cendres de notre foyer un charbon encore brûlant ; le laisserons-nous s'éteindre, lorsqu'en l'attisant nous pouvons rallumer une flamme vivifiante.

III. — Parce que nous n'avons pas la liberté de la parole telle que doit l'avoir un peuple indépendant, parce que nous n'avons pas la presse libre des peuples libres, s'ensuit-il que nous devions renoncer à dire ou à écrire ce que nous pensons des affaires du pays, qui sont les nôtres. Nous savons tous que la loi entoure l'exercice de ces droits d'une foule de précautions qui en rendent la pratique dangereuse ; mais l'usage ne nous en est pas interdit en principe, si difficile qu'il soit en fait. N'a-t-on pas vu sous les regimes les plus absolus, ne voit-on pas encore chaque jour des esprits courageux affronter ces périls pour défendre leurs convictions ?

Beaucoup sont frappés, il est vrai, mais leur chûte ne fait que hâter la chûte des lois qui les ont punis.

Ne laissons pas leurs efforts isolés et ne répondons pas par l'indifférence aux sacrifices qu'ils s'imposent, aux dangers qu'ils acceptent, pour éclairer notre opinion et guider nos pas dans la voie du progrès.

Les réunions publiques ayant pour objet la discussion de questions politiques ou religieuses, sont encore à peu près impossibles malgré la nouvelle loi. Mais nous pouvons toujours étudier les questions qui nous intéressent et les débattre dans des réunions particulières, si nombreuses qu'elles soient, pourvu qu'elles ne perdent pas le caractère privé exigé par la loi.

Bien qu'arraché à la vie publique et forcé de se réfugier derrière le seuil inviolable du domicile privé, le droit de réunion nous offre donc un moyen faible, mais légal, de nous concerter et d'agir que nous ne devons pas négliger.

Mais, de tous les moyens d'action que nous avons conservés, celui qui, malgré les entraves dont il est chargé, malgré les pressions qui le dénaturent, malgré les influences qui le vicient, se prête le mieux à la revendication de nos droits, c'est l'élection législative. C'est là, dans les circonstances données, le seul moyen constitutionnel d'augmenter nos libertés. En relevant le scrutin autant qu'il dépend de nous, en le préservant autant que nous le pourrons du contact administratif, nous arriverons à donner à notre vote la portée d'une protestation générale ; en adoptant un programme commun, nous pouvons arriver à envoyer à la Chambre une majorité, ou au moins une minorité imposante, chargée d'en assurer l'exécution.

Que tous le citoyens qui veulent la France grande par la liberté se préparent dans ce sens aux élections générales, et le succès leur est assuré.

La France sent qu'elle a besoin de réformes. Elle les veut. Le renouvellement du mandat législatif lui fournit un moyen de les réclamer. Qu'elle se lève donc en masse pour voter suivant les grands principes qu'elle a proclamés ; que chaque bulletin soit l'expression d'une opinion éclairée, nous aurons alors une Chambre indépendante et convaincue, une Chambre composée de citoyens qui, fidèles à leur mission, seront toujours les mandataires du peuple et non les serviteurs complaisants du pouvoir personnel, et qui, par l'extension de la liberté, relèveront au dehors l'honneur du nom français, et au dedans rendront au pays la confiance et la prospérité qu'il a perdues.

IV. — La législature qui va finir a montré ce que peut un gouvernement irresponsable secondé par une Chambre complaisante. L'expérience acquise nous coûte cher ; sachons en profiter.

Si le pays avait été sincèrement représenté, ses ressources, son sang auraient-ils été prodigués dans de lointaines expéditions ? Aurions-nous vu notre influence amoindrie jusque sur nos frontières ? Nos soldats seraient-ils allés se battre à Mentana pour une cause impopulaire ?

Non ! si la Chambre n'avait subi d'autre influence que celle de la Nation, n'avait écouté d'autres vœux que ceux de la Nation, nos libertés, déjà si réduites, n'auraient pas été encore diminuées, et notre appareil militaire n'aurait pas été doublé au moment où les premiers besoins du pays sont la paix et l'économie.

La législature qui s'en va croyait-elle obéir aux ordres des populations de qui elle tient son mandat, en laissant obérer nos finances et en favorisant une politique téméraire ou indécise au dehors, imprudente et réactionnaire au dedans ?

Croira-t-elle avoir rempli tous ses devoirs, lorsque remettant les pouvoirs qui lui ont été confiés, elle laissera le pays écrasé par une crise industrielle et commerciale qu'elle aurait pu empêcher? Pourra-t-elle se dire qu'elle est étrangère à cette panique, à cette terreur du lendemain qui fait enfouir dans les caves de la Banque les millions inactifs, pendant que les ouvriers des villes et les populations de nos campagnes manquent de pain? Et quand l'Algérie mourait de faim, était-ce seulement la faute des éléments? Notre représentation était-elle étrangère à cet immense désastre?

Le pays l'a vue à l'œuvre et c'est sur ses œuvres qu'elle la jugera.

V. — La France instruite par ces tristes résultats se voit donc forcée de confier à une Chambre nouvelle l'accomplissement des réformes qu'elle attend, et elle se choisira des délégués dignes d'une pareille mission.

Alors nous pourrons voir le gouvernement en présence d'une Chambre forte de son mandat, se conformer dans sa politique extérieure aux sentiments du pays, et, dans son administration intérieure, tenir compte de nos besoins de liberté.

Ce n'est qu'alors que nous pourrons voir l'équilibre rétabli dans nos budgets pour la réduction des dépenses et particulièrement des dépenses militaires ; les charges des contribuables diminués ; les impôts indirects supprimés ou considérablement amoindris.

Alors seulement seront remises à l'étude ces grandes

questions d'économie sociale dont la solution est d'un si grand intérêt pour la classe des travailleurs.

L'enseignement, qui tient un rang si effacé dans les préoccupations de l'administration actuelle, sera relevé et mieux protégé contre les attaques intéressées d'une réaction jalouse; et l'instruction primaire, largement répandue, dréparera, pour l'avenir, des générations plus éclairées.

Notre organisation militaire, qui pèse si lourdement sur le peuple des campagnes, rendue alors inutile par une politique de paix, pourra être réduite et disposée plus exclusivement en vue de la défense du sol.

En un mot, la France reprenant une part plus active dans la gestion de ses affaires, aura moins à redouter les inconséquences du gouvernement personnel.

D'un autre côté, la nouvelle représentation nationale travaillant à sauvegarder et à étendre l'exercice des droits qui nous sont dès aujourd'hui reconnus, préparera pour l'avenir des réformes plus complètes.

Voilà le résultat que peuvent, que doivent nous donner les élections prochaines ; et lorsque le jour du scrutin sera arrivé, ne perdons pas de vue l'importance que doit avoir sur nos destinées l'acte que nous allons accomplir.

Ce jour là, le peuple tiendra son sort dans ses mains. Qu'il se souvienne des leçons du passé et ne compte que sur lui pour assurer son avenir.

CONCLUSION.

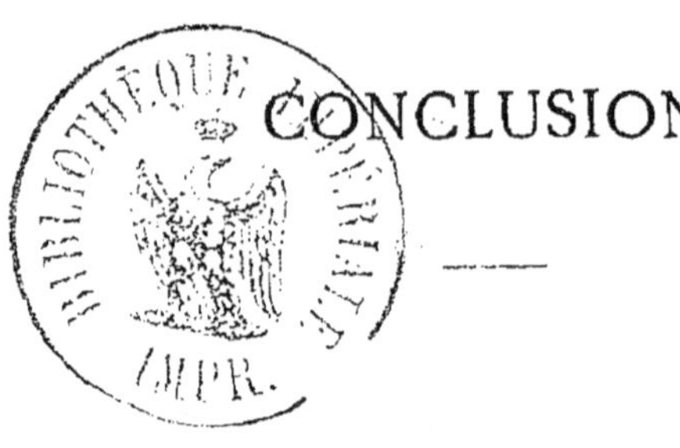

La pensée qui a présidé à la rédaction des quelques pages qu'on vient de lire se résume en peu de mots :

— Qu'ont été nos droits dans l'histoire ?

— Que sont-ils dans le présent ?

— Que devons-nous faire pour assurer leur triomphe dans un avenir prochain ?

Eclairés par l'expérience du passé, guidés par le sentiment de la dignité nationale, notre devoir est de hâter la réalisation de cette vérité restée trop longtemps dans le domaine des théories :

Un peuple ne relève que de lui-même et ne peut être gouverné que par lui-même et pour lui-même.

Octobre 1868.

Avignon. — Imp. Gros frères